Andrzej Moszczyński jest autorem 23 książek, 34 wykładów oraz 3 kursów. Pasjonuje go zdobywanie wiedzy z obszaru psychologii osobowości i psychologii pozytywnej.
Ponad 700 razy wystąpił jako prelegent podczas seminariów, konferencji czy kongresów mających charakter społeczny i charytatywny.

Regularnie się dokształca i korzysta ze szkoleń takich organizacji edukacyjnych jak: Harvard Business Review, Ernst & Young, Gallup Institute, PwC.

Jego zainteresowania obejmują następujące tematy: potencjał człowieka, poczucie własnej wartości, szczęście, kluczowe cechy osobowości, w tym między innymi odwaga, wytrwałość, wnikliwość, entuzjazm, wiara w siebie, realizm. Obszar jego zainteresowań stanowią również umiejętności wspierające bycie zadowolonym człowiekiem, między innymi: uczenie się, wyznaczanie celów, planowanie, asertywność, podejmowanie decyzji, inicjatywa, priorytety. Zajmuje się też czynnikami wpływającymi na dobre relacje między ludźmi (należą do nich np. miłość, motywacja, pozytywna postawa, wewnętrzny spokój, zaufanie, mądrość).

Od ponad 30 lat jest przedsiębiorcą. W latach dziewięćdziesiątych był przez dziesięć lat prezesem spółki działającej w branży reklamowej i obejmującej zasięgiem cały kraj. Od 2005 r. do 2015 r. był prezesem spółki inwestycyjnej, która komercjalizowała biurowce, hotele, osiedla mieszkaniowe, galerie handlowe.

W latach 2009-2018 był akcjonariuszem strategicznym oraz przewodniczącym rady nadzorczej fabryki urządzeń okrętowych Expom SA. W 2014 r. utworzył w USA spółkę wydawniczą. Od 2019 r. skupia się przede wszystkim na jej rozwoju.

Inaczej o dobrym i mądrym życiu to książka o umiejętności stosowania strategii osiągania wartościowych celów. Autor opisuje 22 aspekty, które prowadzą do bycia mądrym. W jakim znaczeniu mądrym?

Mądry człowiek jest skupiony na działaniu ukierunkowanym na podnoszenie jakości życia, zarówno swojego, jak i innych. O tym jest ta książka: o byciu szczęśliwym, o poznaniu siebie, by zajmować się tym, w czym mamy największy potencjał, o rozwinięciu poczucia własnej wartości, które jest podstawowym czynnikiem utrzymywania dobrych relacji z samym sobą i innymi ludźmi, o byciu odważnym, wytrwałym, wnikliwym, entuzjastycznym, posiadającym optymalną wiarę w siebie, a także o byciu realistą.

Mądrość to umiejętność czynienia tego, co szlachetne. Z takiego podejścia rodzą się następujące czyny: nie osądzamy, jesteśmy tolerancyjni, życzliwi, pokorni, skromni, umiejący przebaczać. Mądry człowiek to osoba asertywna, wyznaczająca sobie pozytywne cele, ustalająca priorytety, planująca swoje działania, podejmująca decyzje i przyjmująca za nie odpowiedzialność. Mądrość to też zaufanie do siebie i innych, bycie zmotywowanym i posiadającym jasne wartości nadrzędne (do których najczęściej należą: miłość, szczęście, dobro, prawda, wolność).

Autor książki opisuje proces budowania mentalności bycia mądrym. Wszechobecna indoktrynacja jest przeszkodą na tej drodze. Jeśli jakaś grupa nie uczy tolerancji, przekazuje fałszywy obraz bycia zadowolonym człowiekiem, to czy można mówić o uczeniu się mądrości? Zdaniem autora potrzebujemy mądrości niemal jak powietrza czy czystej wody. W tej książce będziesz wielokrotnie zachęcany do bycia mądrym, co w rezultacie prowadzi też do bycia szczęśliwym i spełnionym.

Szczegóły dostępne na stronie:
www.andrewmoszczynski.com

Andrzej Moszczyński

Inaczej
o priorytetach

2021

© Andrzej Moszczyński, 2021

Korekta oraz skład i łamanie:
Wydawnictwo Online
www.wydawnictwo-online.pl

Projekt okładki:
Mateusz Rossowiecki

Wydanie I

ISBN 978-83-65873-26-2

Wydawca:

ANDREW MOSZCZYNSKI
I N S T I T U T E

Andrew Moszczynski Institute LLC
1521 Concord Pike STE 303
Wilmington, DE 19803, USA
www.andrewmoszczynski.com

Licencja na Polskę:
Andrew Moszczynski Group sp. z o.o.
ul. Grunwaldzka 472
80-309 Gdańsk
www.andrewmoszczynskigroup.com

Licencję wyłączną na Polskę ma Andrew Moszczynski Group sp. z o.o. Objęta jest nią cała działalność wydawnicza i szkoleniowa Andrew Moszczynski Institute. Bez pisemnego zezwolenia Andrew Moszczynski Group sp. z o.o. zabrania się kopiowania i rozpowszechniania w jakiejkolwiek formie tekstów, elementów graficznych, materiałów szkoleniowych oraz autorskich pomysłów sygnowanych znakiem firmowym Andrew Moszczynski Group.

Ukochanej Żonie
Marioli

SPIS TREŚCI

Wstęp	9
Rozdział 1. Podstawy skutecznego koncentrowania się na priorytetach	11
Rozdział 2. Praktyczne wskazówki pomocne w ustalaniu priorytetów i kierowaniu się nimi	23
Co możesz zapamiętać?	29
Bibliografia	31
O autorze	47
Opinie o książce	53
Dodatek. Cytaty, które pomagały autorowi napisać tę książkę	57

Wstęp

Zacznijmy od definicji: priorytet to sprawa tak bardzo dla nas istotna, że przypisujemy jej pierwszeństwo w zakresie naszej uwagi i działania. Stanowi jeden z głównych elementów naszego życia, staramy się nim kierować i ciągle odwołujemy się do niego, podejmując decyzje. Kiedy wyznaczymy sobie priorytety, łatwiej nam osiągać cele w różnych dziedzinach. Ma to związek z wartościami nadrzędnymi, bo określenie tych wartości i wyznaczenie celów na nich opartych powoduje zmianę w sposobie myślenia. Zaczynamy postrzegać rzeczywistość w kategoriach spraw dla nas najważniejszych, które pozwalają uporządkować nasze życie oraz odpowiednio ukierunkować energię i działania.

Ważne jest, by na początku nie stawiać przed sobą zbyt wielu zadań i skupić się na takich celach, które możemy w miarę łatwo i szybko osiągnąć. Trudne zadanie może zniechęcić, a nawet sprawić, że zrezygnujemy z prób jego zrealizowania.

Rozmyślanie o hierarchii ważności zamierzeń i o spodziewanych korzyściach dodaje pewności siebie i wyzwala determinację. Dzięki temu uczymy się mądrzej i efektywniej wykorzystywać czas, rezygnując z czynności niezwiązanych z wyznaczonymi celami i skupiając się na działaniach prowadzących do ich osiągnięcia. Mam nadzieję, że temat ten opisałem w tej książce na tyle dokładnie i zrozumiale, że zachęci Cię to do podjęcia trudu wykształcenia tej umiejętności. Zatem: pora na priorytety!

Rozdział 1

Podstawy skutecznego koncentrowania się na priorytetach

Miałem kiedyś przyjemność być słuchaczem interesującego wykładu. Mówca w obrazowy sposób pokazał, jak można traktować priorytety w swoim życiu i podejmować związane z nimi decyzje. Aby to zilustrować, wziął duże szklane naczynie. Najpierw włożył do niego kilka orzechów włoskich. Miały one symbolizować najważniejsze rzeczy w życiu danego człowieka, na przykład rodzinę, służbę Bogu, pomaganie innym. Następnie do naczynia wrzucił orzechy laskowe, które reprezentowały inne wartości, takie jak praca, zdobywanie środków do życia czy edukacja. Kolejno w naczyniu znalazły się także orzeszki ziemne, odpowiadające takim sprawom, jak na przykład realizacja własnego hobby, dbanie o higienę, zdrowie czy dietę. Potem mówca dorzucił do naczynia ziarenka ryżu, a na koniec dopełnił je kaszą manną. Te ostatnie rzeczy miały symbolizować wszystkie inne mało ważne sprawy, takie jak oglądanie telewizji, gra na komputerze, rozrywka i tym podobne. Wsypywane w tej kolejności, wszystkie orzechy i ziarna z łatwością pomieściły się w naczyniu. Potem mówca opróżnił je i zaczął napełniać w odwrotnej kolejności, to znaczy najpierw wsypał kaszę i ziarenka ryżu, potem mniejsze orzechy i tak dalej. Kiedy chciał do naczynia wrzucić orzechy włoskie, symbolizujące najwznioślejsze wartości, okazało się, że nie ma już na nie miejsca.

Jeśli marnujemy czas na rzeczy błahe i nieistotne, brakuje nam go na rzeczy należące do nadrzędnych wartości. Natomiast gdy skupiamy się na rzeczach w naszym życiu najistotniejszych, łatwiej znajdujemy czas na wszystkie inne drobiazgi, z których mimo wszystko nie chcielibyśmy zrezygnować.

Ustalenie priorytetów i silne postanowienie trzymania się ich na życiowej drodze sprawia, że podświadomość wyzwala w nas nieznane dotąd zdolności organizacyjne. Zaczynamy świadomie kontrolować własny czas. Przekonałem się o tym wielokrotnie. Zdarzało mi się zarówno marnotrawić czas na sprawy mało istotne, jak i działać według wyżej wymienionej zasady.

Zadaj sobie pytanie, w jaki sposób wykorzystujesz swój czas. Odpowiedz uczciwie, ile godzin dziennie spędzasz na towarzyskich spotkaniach, oglądaniu telewizji, buszowaniu w Internecie, czytaniu prasy i tym podobnych. Porównaj to z czasem, jaki poświęcasz na działania wynikające z twoich nadrzędnych wartości i celów. Być może dojdziesz do wniosku, że wszystko jest w porządku, a może jednak uznasz, że zwyczajnie marnujesz czas na czynności, które w żaden sposób nie zbliżają Cię do osiągnięcia celów, jakie sam sobie wyznaczyłeś.

Nie jest łatwo pogodzić rozliczne obowiązki i wykorzystywać czas w taki sposób, aby wystarczająco dużo poświęcać go najważniejszym sferom życia. Wyzwaniem staje się unikanie skrajnych sytuacji oraz zachowanie stałości myśli i uczuć. Kiedy staramy się sprostać tak wielu wymogom, przypominamy nieraz linoskoczka – nawet drobna utrata równowagi może być fatalna w skutkach. Pamiętajmy, że człowiek, który stąpa po linie, świadomie unika balastu, ma przy sobie tylko najpotrzebniejsze rzeczy. Zachowywanie równowagi może przyjąć formę prostego życia, wolnego od obciążeń, które często stają się źródłem problemów psychicznych, w tym depresji. Jednym z głównych jej źródeł jest przeciążenie. Wmawia się nam, że to tylko kwestia lepszej organizacji, że możemy wykonywać wiele zadań jednocześnie. Fakty jednak mówią co innego.

Przypatruję się próbującym perfekcyjnie się zorganizować ludziom, którzy biorą na siebie zbyt wiele zadań. Na przykład dbają o sylwetkę, uprawiając sport kilka razy w tygodniu. Robią to zwykle wieczorami, zamiast poświęcać ten czas rodzinie. Nie mam nic przeciwko aktywności fizycznej, ale warto się zastanowić, jakim kosztem utrzymujemy dobrą kondycję czy sylwetkę.

Niektórzy decydują się na dodatkową edukację, na kolejny fakultet lub jakiś wartościowy kurs, poświęcając soboty i niedziele. Pewnie jest to konieczne dla ich rozwoju zawodowego, bo przecież dzięki pracy utrzymują rodzinę, ale w pewnym momencie powinna zapalić się lampka ostrzegawcza. Znam osoby, które ambitnie kształciły się, może także z powodu niedowartościowania, i przypłaciły to kryzysem rodzinnym. W niektórych przypadkach doprowadziło to nawet do separacji czy rozwodu.

Inna sprawa to praca po godzinach. Czy rzeczywiście trzeba brać na siebie tak wiele zadań? Wydaje mi się, że nie zawsze robimy to, by poprawić swoją sytuację materialną, czasem dodatkowe zajęcia są pewną formą ucieczki przed życiem. Innym powodem może być chęć rywalizacji, nawyk porównywania się z innymi. Narzucanie sobie zbyt wielu zadań w krótkim czasie może wprowadzić człowieka w stan przygnębienia. Oczywiście depresja może mieć także zupełnie inne podłoże, ale pewne jest, że obciążając się nadmiarem zajęć, działamy na własną szkodę. Napięcie psychiczne i poczucie winy wynikające z niedopilnowania różnych spraw mogą się przerodzić w długotrwały stan przemęczenia emocjonalnego. Prowadzenie prostego życia oznacza również świadome i dobrze skalkulowane zaangażowanie w takie tylko przedsięwzięcia, jakie są niezbędne do zapewnienia sobie życia na odpowiednim poziomie. Nie oznacza to, że trzeba rezygnować z dobrobytu i żyć w ubóstwie; chodzi o to, by zachować równowagę i umiar w dążeniu do zdobywania dóbr materialnych, a nie czynić z nich życiowego priorytetu. Zarobić dużo pieniędzy, wieść wygodne życie, wcześnie przejść na emeryturę – zdaniem niektórych takie podejście prowadzi do sukcesu, który jednak w ostatecznym rozrachunku nie daje szczęścia ani spełnienia, wywołując poczucie bezsensu życia. „Co z resztą mojego życia? Mam już wszystko, czego pragnąłem, więc co dalej?". Ludzie będący w takiej sytuacji, próbując odpowiedzieć sobie na te pytania, zaczynają zdawać sobie sprawę z bezcelowości i irracjonalności dalszego zarabiania pienędzy, bo mają ich więcej, niż mogą wydać. Nie potrafią jednak się zatrzymać, bo tylko dążąc do bogactwa, mają poczucie, że istnieją, są ważni i wartościowi. Znajdują się w błędnym kole – im więcej mają, tym bardziej się boją, że to stracą, a to z kolei pobudza ich do dalszego gromadzenia, co wywołuje jeszcze większy lęk. Nie zakończą tej bezsensownej pogoni, póki nie zwrócą się w stronę wartości pozamaterialnych. Także grecki myśliciel Sokrates, „przyglądając się mnogim towarom wystawionym na sprzedaż", mawiał: „Jak wiele jest rzeczy, których potrzeby nie odczuwam". Uważał, iż „głód jest najlepszym kucharzem [...], człowiek nie potrzebuje wyszukanych napojów, by ugasić pragnienie"[1].

Wraz z rozwojem cywilizacji powstaje coraz więcej rzeczy, bez których nie możemy się obyć. Tak przynajmniej wierzymy – jest to efekt skutecznych reklam i manipulacji naszymi potrzebami. Świat, w którym żyjemy, jest z grun-

---

[1] Diogenes Laertios, *Żywoty i poglądy słynnych filozofów*.

tu konsumpcyjny. Brakuje w nim nadrzędnych wartości, dlatego ustalanie priorytetów i życie zgodnie z nimi jest wyrazem dążenia do mądrości. Dawniej, gdy ktoś miał problem i nie potrafił podjąć decyzji, zastanawiał się nad sensem życia, rozmawiał z bliskimi, szedł na spacer lub do kościoła, a teraz świątyniami stały się galerie handlowe. Uproszczenie życia pozwala więcej czasu poświęcać na sprawy, które przynoszą spokój i satysfakcję. Priorytetem może być oddanie rodzinie, wolontariat, zaś dla osób wierzących – służba Bogu. Warto zadać sobie pytania: „Czy to, co robię, uprości moje życie, czy też je skomplikuje? Co zajmuje pierwsze miejsce w mojej hierarchii?".

Niektórzy przyznają, że nie mogą poświęcić wystarczającej ilości czasu na wszystko, czego potrzebują lub czego chcą. Wydaje się, że przyczyną jest brak priorytetów i umiejętności skupienia się na sprawach naprawdę ważnych. Upraszczając swoje życie i eliminując z niego zajęcia i zagadnienia, które nie pozostają w żadnym związku z naszymi wartościami i celami, nauczymy się z gąszczu obowiązków i zadań wyłuskiwać te, które powinny być naszymi priorytetami. W ten sposób mamy szansę stać się ludźmi szczęśliwymi i spełnionymi. Nie zapominajmy jednak, że oprócz priorytetów istnieje także drugi plan: mniej istotne aspekty życia. Te sprawy również wymagają naszej uwagi. Pamiętajmy o odpowiednim umiejscowieniu ich na liście zadań.

Drugim warunkiem niezbędnym do nauki ustalania i trzymania się priorytetów jest gotowość do przyjęcia odpowiedzialności za swoje życie. Osoba odpowiedzialna korzysta z dobrodziejstw daru myślenia, regularnie przeprowadzając wewnętrzny dialog. Priorytety są pięknymi owocami decyzji w zakresie wartości i celów. Odpowiedzialność mobilizuje do podejmowania i kontynuowania wysiłków w każdej dziedzinie życia. To postawa regulująca ludzkie dążenia w aspekcie emocjonalnym, behawioralnym i poznawczym. Rodzi ona harmonijną współpracę ważnych cech: zaangażowania, dyscypliny wewnętrznej, pozytywnego nastawienia.

Jak być odpowiedzialnym? Przyczyną braku odpowiedzialności jest często zaburzenie poczucia własnej wartości czy „zewnątrzsterowność", czyli brak autonomicznego systemu wartości. Osoby „zewnątrzsterowne" nie biorą odpowiedzialności za swoje czyny. Uważają, że ich życie to kwestia przypadku, a nie konsekwencja ich działań. Czy można zatem nauczyć się odpowiedzialności? Moim zdaniem, tak. Sprawdzonym sposobem na wypracowanie w sobie tej cechy są metody autosugestii i wizualizacji, o których więcej opowiem dalej.

Skuteczne jest także otaczanie się ludźmi odpowiedzialnymi, którzy mogą być dla nas przykładem. A jeśli nawet zazdrościmy im tej cechy, co bywa częste, to gdy pozbędziemy się tego uczucia i skupimy się na pozytywnej obserwacji ich odpowiedzialnego działania, możemy się wiele nauczyć. Dobrą metodą jest poznawanie doświadczeń ludzi, którzy właśnie dzięki odpowiedzialności osiągnęli zamierzony cel. Liczy się zarówno osobisty kontakt, jak i zgłębianie biografii.

Kolejną ważną lekcją jest zrozumienie działania zasady przyczyny i skutku. Jeśli uświadomimy sobie, że to krytykanctwo i wygłaszanie niszczących osądów sprawiają, że nasze relacje z innymi kuleją, to będziemy mieć szansę skutecznie je poprawić. Człowiek odpowiedzialny przyjmuje prawdę na swój temat i zgłębia przyczyny swojego zachowania. Oczywiście wymaga to dystansu do siebie i dużej dozy pokory. Niektórzy uważają, że najważniejsze jest mówienie prawdy prosto w oczy. Ich zdaniem taka postawa jest kluczem do szczęśliwego życia. Ale czy rzeczywiście o taką szczerość chodzi?

Przekonanie, że powinno się być bezpośrednim w relacjach z innymi jest oczywiście słuszne, ale są różne sposoby wyrażania opinii i emocji. Nie należy czynić tego w sposób, który może kogoś zranić, poniżyć, wywołać reakcje obronne, smutek czy złość. Wielu mądrych autorów książek podaje receptę: na szczerą rozmowę trzeba znaleźć właściwy moment. W takich książkach możemy przeczytać też, żeby przed wygłoszeniem negatywnej opinii serdecznie pochwalić rozmówcę i przez cały czas okazywać mu przychylność, zachowując łagodny ton. Krytyka zawsze osłabia, zniechęca drugiego człowieka, dlatego warto rozpocząć rozmowę od wskazania swoich wad, uświadomienia mu, że my również w czymś niedomagamy. Taką rozważną postawą łatwiej trafić do czyjegoś serca.

Odpowiedzialność to przejaw mądrości, a mądrość cechuje umiejętność przewidywania reakcji innych na nasze słowa. Stosowanie tych zasad na co dzień świadczy o dojrzałości i odpowiedzialności za siebie i innych. Przecież lepiej jest komuś pomóc, niż pogrążyć go czy zdławić. Życie jest zbyt krótkie na nieporozumienia, lepiej jest więc poświęcić czas na naukę komunikacji niż na ciągłe konflikty. Spróbuj teraz zastanowić się przez chwilę nad własnym życiem i ocenić je z perspektywy zdobytych przed chwilą informacji.

☼

Rozdział 2

Praktyczne wskazówki pomocne w ustalaniu priorytetów i kierowaniu się nimi

Po pierwsze postarajmy się uprościć swoje życie, stosując się do rad zawartych w pierwszym rozdziale. To podstawa. Po drugie stosujmy metody autosugestii i wizualizacji. Chodzi w nich o świadome zaprogramowanie samego siebie, skonstruowanie w wyobraźni swojego wizerunku jako osoby odpowiedzialnej.

Można tego dokonać przez żarliwe i wielokrotne powtarzanie odpowiednich słów (afirmacja), na przykład: „Jestem w każdej dziedzinie życia i w każdym dniu odpowiedzialny". Niektórzy wątpią, że samo powtarzanie słów może ich zmienić. Rzeczywiście, trudno w to uwierzyć, dopóki samemu nie wypróbuje się tej metody. Ja korzystałem z niej wielokrotnie i mogę zagwarantować, że jeśli podejdzie się do tego zadania w sposób rzetelny, rezultat jest gwarantowany. Proponuję powtarzać wybrane zdanie trzy razy dziennie po minimum 50 razy na głos. U mnie zadziało to już po dziesięciu dniach. Uważam, że afirmacja jest nieocenioną metodą wywoływania w sobie wszelkich pozytywnych zmian. Dzięki niej zaczynają pojawiać się budujące myśli, które oczyszczają ze szkodliwych przekonań utrudniających przedefiniowanie własnej tożsamości.

Kiedy w człowieku zaczyna dominować pozytywne myślenie, budzi ono do życia pożądane cechy. Pojawia się zdumienie, bo na początku głowa pełna jest myśli, które trudno będzie uznać za własne. Nagle zauważamy u innych słowa i sformułowania, które nie przypadają nam do gustu. Są to oznaki zachodzących wewnątrz nas zmian. Jeśli uzbroimy się w cierpliwość, zyskamy szansę na ich obserwowanie. Ostrzegam jednak przed zbyt szybkim poddawaniem się. Niektórzy rezygnują po 2–3 dniach, gdy tylko coś wytrąci ich z równowagi, i tracą wiarę w siłę autosugestii. Niestety, tylko nieliczni zachowują wytrwałość w stosowaniu tych ćwiczeń. Jeśli łatwo poddajemy się zwątpieniu, w rezultacie nigdy nie doświadczymy wspaniałych zmian, jakich można dokonać za pomocą tej techniki.

Są tacy, którzy potrafią, oprócz powtarzania pewnych słów, wytworzyć wizję swojej osoby: widzą siebie jako kogoś, kim chcą być już po zmianach. Tym ludziom łatwiej jest wytrwać, ponieważ obrazy, którymi myślą, są bardzo sugestywne i mocno oddziałują na podświadomość. Niestety, nie każdy ma taki dar. Nie należy jednak się zniechęcać, ponieważ pod wpływem powtarzania wybranych słów nawet u bardziej opornych zaczną pojawiać się pozytywne wizje, które ich wesprą. Narzędzie to pomaga także w trzymaniu się ustalonego planu i koncentrowaniu się na priorytetach.

Wizja to wyobrażenie siebie lub jakiejś sytuacji w przyszłości w stanie, do jakiego chcemy w danej dziedzinie doprowadzić. Możesz tę wizję odtwarzać w wyobraźni jak kolorowy film.

Podświadomość sama podsuwa plan realizacji. Pojawiające się wówczas myśli warto notować i zapamiętywać, ponieważ stanowią bezcenne wskazówki. Ja prowadzę w tym celu specjalny notatnik. Z ogólnych uwag staram się tworzyć bardziej szczegółowe, które pomagają mi układać i realizować plany pozostające w ścisłym związku z priorytetami.

Priorytety są nierozerwalnie powiązane z koncentracją. Ta zaś rodzi się w oparciu na wyznaczanych celach. Muszą być one jasne, precyzyjne i realne. Koncentracja jest sposobem na ustalanie i trzymanie się priorytetów. Stanowi podstawę ukierunkowania działań zmierzających do osiągnięcia jakiegoś celu oraz do intensywnego skupienia uwagi na wybranym przedmiocie, zjawisku czy sytuacji. Mimo że za poziom koncentracji w dużej mierze odpowiadają nasze geny, jesteśmy w stanie pracować nad rozwijaniem tej umiejętności. Można to robić poprzez prowadzenie wewnętrznego dialogu i przekonywanie siebie, że w danej chwili musimy skupić się na tym jednym zadaniu.

Stwarzajmy sobie także odpowiednie do pracy warunki, które sprzyjają koncentracji. Posprzątajmy biurko, postarajmy się o spokój, wyciszmy się wewnętrznie. Nie pozwólmy, by niespodziewane wydarzenia wybijały nas z tego stanu. Dobrą metodą jest także wyznaczanie sobie małych, czasem symbolicznych nagród za całkowite skupienie się na jednym zadaniu przez określony czas. Może to być wyjście na lunch lub poświęcenie kwadransa na lekturę ciekawego artykułu w gazecie. Można też wypracować dobry nawyk kupowania sobie w nagrodę wartościowych książek, których lektura sprawia przyjemność, a jednocześnie czegoś uczy. Do takich prezentów można zawsze wrócić i czerpać z nich otuchę oraz inspirację w gorszych chwilach.

Gdy zdobędziemy umiejętność ustalania priorytetów, zaczniemy być skuteczni. Zyskamy zaufanie rodziny, klientów, współpracowników, a nasze życie stanie się harmonijne. Będziemy autorytetem dla innych i zaufamy sobie, co wyzwoli wprost nieograniczone możliwości.

Zaczniemy lubić i szanować samych siebie, zyskamy **szacunek i sympatię** innych.

Dzięki priorytetom **wewnętrzna motywacja** popycha nas do przodu jak rozpędzona lokomotywa. Zaczynają działać w nas potężne siły, które pozwalają wytrwale dążyć do celu.

Co możesz zapamiętać?

1. Priorytet to coś, co według Twojego przekonania jest bardzo ważne, coś, czym będziesz się kierować i czemu będziesz nadawać pierwszeństwo w swoim życiu.
2. Uprość swoje życie, by mieć podstawę do wyznaczania odpowiednich, wartościowych celów i ustalania priorytetów.
3. Weź odpowiedzialność za swoje życie. Korzystaj z daru myślenia i prowadź wewnętrzny dialog. Bierz przykład z osób odpowiedzialnych.
4. Pracuj nad koncentracją.
5. Stosuj metody autosugestii i wizualizacji.
6. Korzyści płynące z ustalenia priorytetów to: skuteczność, zaufanie, szacunek, kontrola nad własnym życiem i czasem.

Bibliografia

Albright M., Carr C., *Największe błędy menedżerów*, Warszawa 1997.
Allen B.D., Allen W.D., *Formuła 2+2. Skuteczny coaching*, Warszawa 2006.
Anderson Ch., *Za darmo: przyszłość najbardziej radykalnej z cen*, Kraków 2011.
Anthony R., *Pełna wiara w siebie*, Warszawa 2005.
Ariely D., *Zalety irracjonalności. Korzyści z postępowania wbrew logice w domu i pracy*, Wrocław 2010.
Bates W.H., *Naturalne leczenie wzroku bez okularów*, Katowice 2011.
Bettger F., *Jak umiejętnie sprzedawać i zwielokrotnić dochody*, Warszawa 1995.
Blanchard K., Johnson S., *Jednominutowy menedżer*, Konstancin-Jeziorna 1995.
Blanchard K., O'Connor M., *Zarządzanie poprzez wartości*, Warszawa 1998.
Bogacka A.W., *Zdrowie na talerzu*, Białystok 2008.
Bollier D., *Mierzyć wyżej. Historie 25 firm, które osiąg-

nęły sukces, łącząc skuteczne zarządzanie z realizacją misji społecznych, Warszawa 1999.

Bond W.J., *199 sytuacji, w których tracimy czas, i jak ich uniknąć*, Gdańsk 1995.

Bono E. de, *Dziecko w szkole kreatywnego myślenia*, Gliwice 2010.

Bono E. de, *Sześć kapeluszy myślowych*, Gliwice 2007.

Bono E. de, *Sześć ram myślowych*, Gliwice 2009.

Bono E. de, *Wodna logika. Wypłyń na szerokie wody kreatywności*, Gliwice 2011.

Bossidy L., Charan R., *Realizacja. Zasady wprowadzania planów w życie*, Warszawa 2003.

Branden N., *Sześć filarów poczucia własnej wartości*, Łódź 2010.

Branson R., *Zaryzykuj – zrób to! Lekcje życia*, Warszawa-Wesoła 2012.

Brothers J., Eagan E, *Pamięć doskonała w 10 dni*, Warszawa 2000.

Buckingham M., *To jedno, co powinieneś wiedzieć... o świetnym zarządzaniu, wybitnym przywództwie i trwałym sukcesie osobistym*, Warszawa 2006.

Buckingham M., *Wykorzystaj swoje silne strony. Użyj dźwigni swojego talentu*, Waszawa 2010

Buckingham M., Clifton D.O., *Teraz odkryj swoje silne strony*, Warszawa 2003.

Butler E., Pirie M., *Jak podwyższyć swój iloraz inteligencji?*, Gdańsk 1995.

Buzan T., *Mapy myśli*, Łódź 2008.

Buzan T., *Pamięć na zawołanie*, Łódź 1999.

Buzan T., *Podręcznik szybkiego czytania*, Łódź 2003.

Buzan T., *Potęga umysłu. Jak zyskać sprawność fizyczną i umysłową: związek umysłu i ciała*, Warszawa 2003.

Buzan T., Dottino T., Israel R., *Zwykli ludzie – liderzy. Jak maksymalnie wykorzystać kreatywność pracowników*, Warszawa 2008.

Carnegie D., *I ty możesz być liderem*, Warszawa 1995.

Carnegie D., *Jak przestać się martwić i zacząć żyć*, Warszawa 2011.

Carnegie D., *Jak zdobyć przyjaciół i zjednać sobie ludzi*, Warszawa 2011.

Carnegie D., *Po szczeblach słowa. Jak stać się doskonałym mówcą i rozmówcą*, Warszawa 2009.

Carnegie D., Crom M., Crom J.O., *Szkoła biznesu. O pozyskiwaniu klientów na zawsze*, Waszrszawa 2003

Cialdini R., *Wywieranie wpływu na ludzi*, Gdańsk 1998.

Clegg B., *Przyspieszony kurs rozwoju osobistego*, Warszawa 2002.

Cofer C.N., Appley M.H., *Motywacja: teoria i badania*, Warszawa 1972.

Cohen H., *Wszystko możesz wynegocjować. Jak osiągnąć to, co chcesz*, Warszawa 1997. r Covey S.R., 3. rozwiązanie, Poznań 2012.

Covey S.R., *7 nawyków skutecznego działania*, Poznań 2007.

Covey S.R., *8. nawyk*, Poznań 2006.

Covey S.R., Merrill A.R., Merrill R.R., *Najpierw rzeczy najważniejsze*, Warszawa 2007.

Craig M., *50 najlepszych (i najgorszych) interesów w historii biznesu*, Warszawa 2002.

Csikszentmihalyi M., *Przepływ: psychologia optymalnego doświadczenia*, Wrocław 2005

Davis R.C., Lindsmith B., *Ludzie renesansu: umysły, które ukształtowały erę nowożytną*, Poznań 2012

Davis R.D., Braun E.M., *Dar dysleksji. Dlaczego niektórzy zdolni ludzie nie umieją czytać i jak mogą się nauczyć*, Poznań 2001.

Dearlove D., *Biznes w stylu Richarda Bransona. 10 tajemnic twórcy megamarki*, Gdańsk 2009.

DeVos D., *Podstawy wolności. Wartości decydujące o sukcesie jednostek i społeczeństw*, Konstancin-Jeziorna 1998.

DeVos R.M., Conn Ch.P., *Uwierz! Credo człowieka czynu, współzałożyciela Amway Corporation, hołdującego zasadom, które uczyniły Amerykę wielką*, Warszawa 1994.

Dixit A.K., Nalebuff B.J., *Myślenie strategiczne. Jak zapewnić sobie przewagę w biznesie, polityce i życiu prywatnym*, Gliwice 2009.

Dixit A.K., Nalebuff B.J., *Sztuka strategii. Teoria gier w biznesie i życiu prywatnym*, Warszawa 2009.

Dobson J., *Jak budować poczucie wartości w swoim dziecku*, Lublin 1993.

Doskonalenie strategii (seria *Harvard Bussines Review*), praca zbiorowa, Gliwice 2006.

Dryden G., Vos J., *Rewolucja w uczeniu*, Poznań 2000.

Dyer W.W., *Kieruj swoim życiem*, Warszawa 2012.

Dyer W.W., *Pokochaj siebie*, Warszawa 2008.

Edelman R.C., Hiltabiddle T.R., Manz Ch.C., *Syndrom miłego człowieka*, Gliwice 2010.

Eichelberger W., Forthomme P., Nail F., *Quest. Twoja droga do sukcesu. Nie ma prostych recept na sukces, ale są recepty skuteczne*, Warszawa 2008.

Enkelmann N.B., *Biznes i motywacja*, Łódź 1997.

Eysenck H. i M., *Podpatrywanie umysłu. Dlaczego ludzie zachowują się tak, jak się zachowują?*, Gdańsk 1996.

Ferriss T., *4-godzinny tydzień pracy. Nie bądź płatnym niewolnikiem od 7.00 do 17.00*, Warszawa 2009.

Flexner J.T., Waschington. *Człowiek niezastąpiony*, Warszawa 1990.

Forward S., Frazier D., *Szantaż emocjonalny: jak obronić się przed manipulacją i wykorzystaniem*, Gdańsk 2011.

Frankl V.E., *Człowiek w poszukiwaniu sensu*, Warszawa 2009.
Fraser J.F., *Jak Ameryka pracuje*, Przemyśl 1910.
Freud Z., *Wstęp do psychoanalizy*, Warszawa 1994.
Fromm E., *Mieć czy być*, Poznań 2009.
Fromm E., *Niech się stanie człowiek. Z psychologii etyki*, Warszawa 2005.
Fromm E., *O sztuce miłości*, Poznań 2002.
Fromm E., *O sztuce słuchania. Terapeutyczne aspekty psychoanalizy*, Warszawa 2002.
Fromm E., *Serce człowieka. Jego niezwykła zdolność do dobra i zła*, Warszawa 2000.
Fromm E., *Ucieczka od wolności*, Warszawa 2001.
Fromm E., *Zerwać okowy iluzji*, Poznań 2000.
Galloway D., *Sztuka samodyscypliny*, Warszawa 1997.
Gardner H., *Inteligencje wielorakie – teoria w praktyce*, Poznań 2002.
Gawande A., *Potęga checklisty: jak opanować chaos i zyskać swobodę w działaniu*, Kraków 2012.
Gelb M.J., *Leonardo da Vinci odkodowany*, Poznań 2005.
Gelb M.J., Miller Caldicott S., *Myśleć jak Edison*, Poznań 2010.
Gelb M.J., *Myśleć jak geniusz*, Poznań 2004.
Gelb M.J., *Myśleć jak Leonardo da Vinci*, Poznań 2001.
Giblin L., *Umiejętność postępowania z innymi...*, Kraków 1993.

Girard J., Casemore R., *Pokonać drogę na szczyt*, Warszawa 1996.

Glass L., *Toksyczni ludzie*, Poznań 1998.

Godlewska M., *Jak pokonałam raka*, Białystok 2011.

Godwin M., *Kim jestem? 101 dróg do odkrycia siebie*, Warszawa 2001.

Goleman D., *Inteligencja emocjonalna*, Poznań 2002.

Gordon T., *Wychowywanie bez porażek szefów, liderów, przywódców*, Warszawa 1996.

Gorman T., *Droga do skutecznych działań. Motywacja*, Gliwice 2009.

Gorman T., *Droga do wzrostu zysków. Innowacja*, Gliwice 2009.

Greenberg H., Sweeney P., *Jak odnieść sukces i rozwinąć swój potencjał*, Warszawa 2007.

Habeler P., Steinbach K., *Celem jest szczyt*, Warszawa 2011.

Hamel G., Prahalad C.K., *Przewaga konkurencyjna jutra*, Warszawa 1999.

Hamlin S., *Jak mówić, żeby nas słuchali*, Poznań 2008.

Hill N., *Klucze do sukcesu*, Warszawa 1998.

Hill N., *Magiczna drabina do sukcesu*, Warszawa 2007.

Hill N., *Myśl!... i bogać się. Podręcznik człowieka interesu*, Warszawa 2012.

Hill N., *Początek wielkiej kariery*, Gliwice 2009.

Ingram D.B., Parks J.A., *Etyka dla żółtodziobów, czyli wszystko, co powinieneś wiedzieć o...*, Poznań 2003.

Jagiełło J., Zuziak W. [red.], *Człowiek wobec wartości*, Kraków 2006.

James W., *Pragmatyzm*, Warszawa 2009.

Jamruszkiewicz J., *Kurs szybkiego czytania*, Chorzów 2002.

Johnson S., *Tak czy nie. Jak podejmować dobre decyzje*, Konstancin-Jeziorna 1995.

Jones Ch., *Życie jest fascynujące*, Konstancin-Jeziorna 1993.

Kanter R.M., *Wiara w siebie. Jak zaczynają się i kończą dobre i złe passy*, Warszawa 2006.

Keller H., *Historia mojego życia*, Warszawa 1978.

Kirschner J., *Zwycięstwo bez walki. Strategie przeciw agresji*, Gliwice 2008.

Koch R., *Zasada 80/20. Lepsze efekty mniejszym nakładem sił i środków*, Konstancin--Jeziorna 1998.

Kopmeyer M.R., *Praktyczne metody osiągania sukcesu*, Warszawa 1994.

Ksenofont, *Cyrus Wielki. Sztuka zwyciężania*, Warszawa 2008.

Kuba A., Hausman J., *Dzieje samochodu*, Warszawa 1973.

Kumaniecki K., *Historia kultury starożytnej Grecji i Rzymu*, Warszawa 1964.

Lamont G., *Jak podnieść pewność siebie*, Łódź 2008.

Leigh A., Maynard M., *Lider doskonały*, Poznań 1999.

Littauer F., *Osobowość plus*, Warszawa 2007.

Loreau D., *Sztuka prostoty*, Warszawa 2009.
Lott L., Intner R., Mendenhall B., *Autoterapia dla każdego. Spróbuj w osiem tygodni zmienić swoje życie*, Warszawa 2006.
Maige Ch., Muller J.-L., *Walka z czasem. Atut strategiczny przedsiębiorstwa*, Warszawa 1995.
Mansfield P., *Jak być asertywnym*, Poznań 1994.
Martin R., *Niepokorny umysł. Poznaj klucz do myślenia zintegrowanego*, Gliwice 2009.
Maslow A., *Motywacja i osobowość*, Warszawa 2009.
Matusewicz Cz., *Wprowadzenie do psychologii*, Warszawa 2011.
Maxwell J.C., *21 cech skutecznego lidera*, Warszawa 2012.
Maxwell J.C., *Tworzyć liderów, czyli jak wprowadzać innych na drogę sukcesu*, Konstancin-Jeziorna 1997.
Maxwell J.C., *Wszyscy się komunikują, niewielu potrafi się porozumieć*, Warszawa 2011.
McCormack M.H., *O zarządzaniu*, Warszawa 1998.
McElroy K., *Jak inwestować w nieruchomości. Znajdź ukryte zyski, których większość inwestorów nie dostrzega*, Osielsko 2008.
McGee P., *Pewność siebie. Jak mała zmiana może zrobić wielką różnicę*, Gliwice 2011.
McGrath H., Edwards H., *Trudne osobowości. Jak radzić sobie ze szkodliwymi zachowaniami innych oraz własnymi*, Poznań 2010.

Mellody P., Miller A.W., Miller J.K., *Toksyczna miłość i jak się z niej wyzwolić*, Warszawa 2013.

Melody B., *Koniec współuzależnienia*, Poznań 2002.

Miller M., *Style myślenia*, Poznań 2000.

Mingotaud F., *Sprawny kierownik. Techniki osiągania sukcesów*, Warszawa 1994.

MJ DeMarco, *Fastlane milionera*, Katowice 2012.

Morgenstern J., *Jak być doskonale zorganizowanym*, Warszawa 2000.

Nay W.R., *Związek bez gniewu. Jak przerwać błędne koło kłótni, dąsów i cichych dni*, Warszawa 2011.

Nierenberg G.I., *Ekspert. Czy nim jesteś?*, Warszawa 2001.

Ogger G., *Geniusze i spekulanci, Jak rodził się kapitalizm*, Warszawa 1993.

Osho, *Księga zrozumienia. Własna droga do wolności*, Warszawa 2009.

Parkinson C.N., *Prawo pani Parkinson*, Warszawa 1970.

Peale N.V., *Entuzjazm zmienia wszystko. Jak stać się zwycięzcą*, Warszawa 1996.

Peale N.V., *Możesz, jeśli myślisz, że możesz*, Warszawa 2005.

Peale N.V., *Rozbudź w sobie twórczy potencjał*, Warszawa 1997.

Peale N.V., *Uwierz i zwyciężaj. Jak zaufać swoim myślom i poczuć pewność siebie*, Warszawa 1999.

Pietrasiński Z., *Psychologia sprawnego myślenia*, Warszawa 1959.

Pilikowski J., *Podróż w świat etyki*, Kraków 2010.

Pink D.H., *Drive*, Warszawa 2011.

Pirożyński M., *Kształcenie charakteru*, Poznań 1999.

Pismo Święte Starego i Nowego Testamentu. Biblia Tysiąclecia, Warszawa 2002.

Pismo Święte w Przekładzie Nowego Świata, 1997.

Popielski K., *Psychologia egzystencji. Wartości w życiu*, Lublin 2009.

Poznaj swoją osobowość, Bielsko-Biała 1996.

Przemieniecki J., *Psychologia jednostki. Odkoduj szyfr do swego umysłu*, Warszawa 2008.

Pszczołowski T., *Umiejętność przekonywania i dyskusji*, Gdańsk 1998.

Reiman T., *Potęga perswazyjnej komunikacji*, Gliwice 2011.

Robbins A., *Nasza moc bez granic. Skuteczna metoda osiągania życiowych sukcesów za pomocą NLP*, Konstancin-Jeziorna 2009.

Robbins A., *Obudź w sobie olbrzyma... i miej wpływ na całe swoje życie – od zaraz*, Poznań 2002.

Robbins A., *Olbrzymie kroki*, Warszawa 2001.

Robert M., *Nowe myślenie strategiczne: czyste i proste*, Warszawa 2006.

Robinson J.W., *Imperium wolności. Historia Amway Corporation*, Warszawa 1997.

Rose C., Nicholl M.J., *Ucz się szybciej, na miarę XXI wieku*, Warszawa 2003.
Rose N., *Winston Churchill. Życie pod prąd*, Warszawa 1996.
Rychter W., *Dzieje samochodu*, Warszawa 1962.
Ryżak Z., *Zarządzanie energią kluczem do sukcesu*, Warszawa 2008.
Savater F., *Etyka dla syna*, Warszawa 1996.
Schäfer B., *Droga do finansowej wolności. Pierwszy milion w ciągu siedmiu lat*, Warszawa 2011.
Schäfer B., *Zasady zwycięzców*, Warszawa 2007.
Scherman J.R., *Jak skończyć z odwlekaniem i działać skutecznie*, Warszawa 1995.
Schuller R.H., *Ciężkie czasy przemijają, bądź silny i przetrwaj je*, Warszawa 1996.
Schwalbe B., Schwalbe H., Zander E., *Rozwijanie osobowości. Jak zostać sprzedawcą doskonałym*, tom 2, Warszawa 1994.
Schwartz D.J., *Magia myślenia kategoriami sukcesu*, Konstancin-Jeziorna 1994.
Schwartz D.J., *Magia myślenia na wielką skalę. Jak zaprząc duszę i umysł do wielkich osiągnięć*, Warszawa 2008.
Scott S.K., *Notatnik milionera. Jak zwykli ludzie mogą osiągać niezwykłe sukcesy*, Warszawa 1997.
Sedlak K. [red.], *Jak poszukiwać i zjednywać najlepszych pracowników*, Kraków 1995.

Seiwert L.J., *Jak organizować czas*, Warszawa 1998.
Seligman M.E.P., *Co możesz zmienić, a czego nie możesz*, Poznań 1995.
Seligman M.E.P., *Pełnia życia*, Poznań 2011.
Seneka, *Myśli*, Kraków 1989.
Sewell C., Brown P.B., *Klient na całe życie, czyli jak przypadkowego klienta zmienić w wiernego entuzjastę naszych usług*, Warszawa 1992.
Słownik pisarzy antycznych, Warszawa 1982.
Smith A., *Umysł*, Warszawa 1989.
Spector R., *Amazon.com. Historia przedsiębiorstwa, które stworzyło nowy model biznesu*, Warszawa 2000.
Spence G., *Jak skutecznie przekonywać... wszędzie i każdego dnia*, Poznań 2001.
Sprenger R.K., *Zaufanie # 1*, Warszawa 2011.
Staff L., *Michał Anioł*, Warszawa 1990.
Stone D.C., *Podążaj za swymi marzeniami*, Konstancin-Jeziorna 1998.
Swiet J., *Kolumb*, Warszawa 1979.
Szurawski M., *Pamięć. Trening interaktywny*, Łódź 2004.
Szyszkowska M., *W poszukiwaniu sensu życia*, Warszawa 1997.
Tatarkiewicz W., *O szczęściu*, Warszawa 1979.
Tavris C., Aronson E., *Błądzą wszyscy (ale nie ja)*, Sopot-Warszawa 2008.

Tracy B., *Milionerzy z wyboru. 21 tajemnic sukcesu*, Warszawa 2002.

Tracy B., *Plan lotu. Prawdziwy sekret sukcesu*, Warszawa 2008.

Tracy B., Scheelen F.M., *Osobowość lidera*, Warszawa 2001.

Tracy B., *Sztuka zatrudniania najlepszych. 21 praktycznych i sprawdzonych technik do wykorzystania od zaraz*, Warszawa 2006.

Tracy B., *Turbostrategia. 21 skutecznych sposobów na przekształcenie firmy i szybkie zwiększenie zysków*, Warszawa 2004.

Tracy B., *Zarabiaj więcej i awansuj szybciej. 21 sposobów na przyspieszenie kariery*, Warszawa 2007.

Tracy B., *Zarządzanie czasem*, Warszawa 2008.

Tracy B., *Zjedz tę żabę. 21 metod podnoszenia wydajności w pracy i zwalczania skłonności do zwlekania*, Warszawa 2005.

Twentier J.D., *Sztuka chwalenia ludzi*, Warszawa 1998.

Urban H., *Moc pozytywnych słów*, Warszawa 2012.

Ury W., *Odchodząc od nie. Negocjowanie od konfrontacji do kooperacji*, Warszawa 2000.

Vitale J., Klucz do sekretu. *Przyciągnij do siebie wszystko, czego pragniesz*, Gliwice 2009.

Waitley D., *Być najlepszym*, Warszawa 1998.

Waitley D., *Imperium umysłu*, Konstancin-Jeziorna 1997.

Waitley D., *Podwójne zwycięstwo*, Warszawa 1996.
Waitley D., *Sukces zależy od właściwego momentu*, Warszawa 1997.
Waitley D., Tucker R.B., *Gra o sukces. Jak zwyciężać w twórczej rywalizacji*, Warszawa 1996.
Walton S., Huey J., *Sam Walton. Made in America*, Warszawa 1994.
Waterhouse J., Minors D., Waterhouse M., *Twój zegar biologiczny. Jak żyć z nim w zgodzie*, Warszawa 1993.
Wegscheider-Cruse S., *Poczucie własnej wartości. Jak pokochać siebie*, Gdańsk 2007.
Wilson P., *Idealna równowaga. Jak znaleźć czas i sposób na pełnię życia*, Warszawa 2010.
Ziglar Z., *Do zobaczenia na szczycie*, Warszawa 1995.
Ziglar Z., *Droga na szczyt*, Konstancin-Jeziorna 1995.
Ziglar Z., *Ponad szczytem*, Warszawa 1995.

O autorze

Andrzej Moszczyński od 30 lat aktywnie zajmuje się działalnością biznesową. Jego główną kompetencją jest tworzenie skutecznych strategii dla konkretnych obszarów biznesu.

W latach 90. zdobywał doświadczenie w branży reklamowej – był prezesem i założycielem dwóch spółek z o.o. Zatrudniał w nich ponad 40 osób. Spółki te były liderami w swoich branżach, głównie w reklamie zewnętrznej – tranzytowej (reklamy na tramwajach, autobusach i samochodach). W 2001 r. przejęciem pakietów kontrolnych w tych spółkach zainteresowały się dwie firmy: amerykańska spółka giełdowa działająca w ponad 30 krajach, skupiająca się na reklamie radiowej i reklamie zewnętrznej oraz największy w Europie fundusz inwestycyjny. W 2003 r. Andrzej sprzedał udziały w tych spółkach inwestorom strategicznym.

W latach 2005-2015 był prezesem i założycielem spółki, która zajmowała się kompleksową komercjalizacją liderów rynku deweloperskiego (firma w sumie sprzedała ponad 1000 mieszkań oraz 350 apartamentów hotelowych w systemie condo).

W latach 2009-2018 był akcjonariuszem strategicznym oraz przewodniczącym rady nadzorczej fabryki urządzeń okrętowych Expom SA. Spółka ta zasięgiem działania obejmuje cały świat, dostarczając urządzenia (w tym dźwigi i żurawie) dla branży morskiej. W 2018 r. sprzedał pakiet swoich akcji inwestorowi branżowemu.

W 2014 r. utworzył w USA spółkę LLC, która działa w branży wydawniczej. W ciągu 14 lat (poczynając od 2005 r.) napisał w sumie 22 kieszonkowe poradniki z dziedziny rozwoju kompetencji miękkich – obszaru, który ma między innymi znaczenie strategiczne dla budowania wartości niematerialnych i prawnych przedsiębiorstw. Poradniki napisane przez Andrzeja koncentrują się na przekazaniu wiedzy o wartościach i rozwoju osobowości – czynnikach odpowiedzialnych za prowadzenie dobrego życia, bycie spełnionym i szczęśliwym.

Andrzej zdobywał wiedzę z dziedziny budowania wartości firm oraz tworzenia skutecznych strategii przy udziale następujących instytucji: Ernst & Young, Gallup Institute, PricewaterhauseCoopers (PwC) oraz Harward Business Review. Jego kompetencje można przyrównać do pracy **stroiciela instrumentu.**

Kiedy miał 7 lat, mama zabrała go do szkoły muzycznej, aby sprawdzić, czy ma talent. Przeszedł test pozytywnie – okazało się, że może rozpocząć edukację muzyczną. Z różnych powodów to nie nastąpiło. Często jednak w jego książkach czy wykładach można usłyszeć bądź przeczytać przykłady związane ze światem muzyki.

Dlaczego można przyrównać jego kompetencje do pracy stroiciela na przykład fortepianu? Stroiciel udoskonala fortepian, aby jego dźwięk był idealny. Każdy fortepian ma swój określony potencjał mierzony jakością dźwięku – dźwięku, który urzeka i wprowadza ludzi w stan relaksu, a może nawet pozytywnego ukojenia. Podobnie jak stroiciel Andrzej udoskonala różne procesy – szczególnie te, które dotyczą relacji z innymi ludźmi. Wierzy, że ludzie posiadają mechanizm psychologiczny, który można symbolicznie przyrównać do **mentalnego żyroskopu** czy **mentalnego noktowizora**. Rola Andrzeja polega na naprawieniu bądź wprowadzeniu w ruch tych „urządzeń".

Żyroskop jest urządzeniem, które niezależnie od komplikacji pokazuje określony kierunek. Tego typu urządzenie wykorzystywane jest na statkach i w samolotach. Andrzej jest przekonany, że rozwijanie **koncentracji i wyobraźni** prowadzi do włączenia naszego mentalnego żyroskopu. Dzięki temu możemy między innymi znajdować skuteczne rozwiązania skomplikowanych wyzwań.

Noktowizor to wyjątkowe urządzenie, które umożliwia widzenie w ciemności. Jest wykorzystywane przez wojsko, służby wywiadowcze czy myśliwych. Życie Andrzeja ukierunkowane jest na badanie tematu źródeł wewnętrznej motywacji – siły skłaniającej do działania, do przejawiania inicjatywy, do podejmowania wyzwań, do wchodzenia w obszary zupełnie nieznane. Andrzej ma przekonanie, że rozwijanie **poczucia własnej wartości** prowadzi do włączenia naszego mentalnego noktowizora. Bez optymalnego poczucia własnej wartości życie jest ciężarem.

W swojej pracy Andrzej koncentruje się na procesach podnoszących jakość następujących obszarów: właściwe interpretowanie zdarzeń, wyciąganie wniosków z analizy porażek oraz sukcesów, formułowanie właściwych pytań, a także korzystanie z wyobraźni w taki sposób, aby przewidywać swoją przyszłość, co łączy się bezpośrednio z umiejętnością strategicznego myślenia. Umiejętności te pomagają rozumieć mechanizmy wywierania wpływu przez inne osoby i umożliwiają niepoddawanie się wszechobecnej indoktrynacji. Kiedy mentalny noktowizor działa poprawnie, przekazuje w odpowiednim czasie sygnały ostrzegające, że ktoś posługuje się manipulacją, aby osiągnąć swoje cele.

Andrzej posiada również doświadczenie jako prelegent, co związane jest z jego zaangażowaniem w działania społeczne. W ostatnich 30 latach był zapraszany do udziału w różnych szkoleniach i seminariach, zgromadzeniach czy kongresach – w sumie jako mówca wystąpił ponad 700 razy. Jego przemówienia i wykłady znane są z inspirujących przykładów i zachęcających pytań, które mobilizują słuchaczy do działania.

Opinie o książce

Małe dziecko przychodzi na świat bez instrukcji obsługi, o czym boleśnie przekonują się kolejne pokolenia młodych rodziców. A jednak mimo tej pozornej przeszkody ludzkość była i jest w stanie poradzić sobie z tym wyzwaniem. Jak? Młodzi rodzice szybko uczą się – głównie metodą prób i błędów – jak zaspokajać potrzeby swojego dziecka. Rodzicielstwo to ciekawa mieszanka zaufania do własnej intuicji, pomocy bliskich i odwołania do wiedzy ekspertów. To nie stały zestaw umiejętności, które ujawniają się w chwili narodzin dziecka, lecz raczej proces nabywania nowych umiejętności dostosowanych do potrzeb i rozwoju własnych pociech.

Nie inaczej jest w przypadku rozpoznania swoich talentów i wykorzystania ich w codziennym życiu. Nie są to zdolności, jakie nabywa się po przeczytaniu jednej książki lub uczestniczeniu w weekendowych warsztatach, lecz raczej droga, na którą się wchodzi świadomie i którą podąża przez resztę życia. Wybierając się w podróż, zwykle pakujemy ze sobą przewodnik i mapę, dlatego też podczas podróży do własnego wnętrza także warto sięgnąć po jakiś przewodnik. Seria książek autorstwa Andrzeja Moszczyńskiego jest właśnie takim przewodnikiem, zawierającym cenne podpowiedzi oraz techniki odkrywania i wykorzystywania swoich talentów. Autor nie stawia się w pozycji eksperta wiedzącego lepiej, co jest dla nas dobre, lecz raczej doradcy odwołującego się szeroko do filozofii, literatury, współczesnych technik doskonalenia osobowości i własnych doświadczeń. Zdecydowanymi mocnymi stronami tej serii są przykłady z życia ilustrujące prezentowane zagadnienia oraz bogata bibliografia służąca jako punkt do dalszych poszukiwań dla wszystkich zainteresowanych doskonaleniem osobowości. Uważam, że seria ta będzie pomocna dla każdego zainteresowanego świadomym życiem i rozwojem osobistym.

Ania Bogacka
Editorial Consultant and Life Coach

* * *

Na rynku książek wybór poradników jest ogromny, ale wśród tego ogromu istnieją jasne punkty, w oparciu o które można kierować swoim życiem tak, by osiągnąć spełnienie. Samorealizacja jest osiągana poprzez mądrość i świadomość. To samo sprawia, że książki Andrzeja Moszczyńskiego są tak użyteczne i podnoszące na duchu. Dzielenie się mądrością w formie przykładów wielu historycznych postaci oświetla drogę w tej kluczowej podróży. Każda z książek Andrzeja jest kompletna sama w sobie, jednak wszystkie razem stanowią zestaw narzędzi, przy pomocy których każdy z nas może ulepszyć umysł i serce, aby ostatecznie przyjąć proaktywną i współczującą postawę wobec życia. Jako osoba, która badała i edytowała wiele tekstów z filozofii i duchowości, mogę z entuzjazmem polecić tę książkę.

Lawrence E. Payne

Dodatek

Cytaty, które pomagały autorowi napisać tę książkę

Na temat rozwoju

Przeznaczeniem człowieka jest jego charakter.

Heraklit z Efezu

Osobowość kształtuje się nie poprzez piękne słowa, lecz pracą i własnym wysiłkiem.

Albert Einstein

Na temat nastawienia do życia

Jeśli jesteś nieszczęśliwy, to dlatego, że cały czas myślisz raczej o tym, czego nie masz, zamiast koncentrować się na tym, co masz w danej chwili.

Anthony de Mello

W końcu, bracia, wszystko, co jest prawdziwe, co godne, co sprawiedliwe, co czyste, co miłe, co zasługuje na uznanie: jeśli jest jakąś cnotą i czynem chwalebnym – to miejcie na myśli.

List do Filipian 4:8

Na temat szczęścia

Ludzie są na tyle szczęśliwi, na ile sobie pozwolą nimi być.

Abraham Lincoln

Więcej szczęścia jest w dawaniu aniżeli w braniu.

Dz 20:35

Na temat poczucia własnej wartości

Bez Twojego pozwolenia nikt nie może sprawić, że poczujesz się gorszy.

Eleanor Roosevelt

Na temat możliwości człowieka

Nie ma rzeczy niemożliwych, są tylko te trudniejsze do wykonania.

Henry Ford

Gdybyśmy robili wszystkie rzeczy, które jesteśmy w stanie zrobić, wprawilibyśmy się w ogromne zdumienie.

Thomas Edison

Na temat poznawania siebie

Najpierw sami tworzymy własne nawyki, potem nawyki tworzą nas.

John Dryden

Na temat wiary w siebie

Człowiek, który zyska i zachowa władzę nad sobą, dokona rzeczy największych i najtrudniejszych.

Johann Wolfgang von Goethe

Ludzie potrafią, gdy sądzą, że potrafią.

Wergiliusz

Na temat wnikliwości

Prawdę należy mówić tylko temu, kto chce jej słuchać.

Seneka Starszy

Język mądrych jest lekarstwem.

Księga Przysłów 12:18

Na temat wytrwałości

Nic na świecie nie zastąpi wytrwałości. Nie zastąpi jej talent – nie ma nic powszechniejszego niż ludzie utalentowani, którzy nie odnoszą sukcesów. Nie uczyni niczego sam geniusz – nienagradzany geniusz to już prawie przysłowie. Nie uczyni niczego też samo wykształcenie – świat jest pełen ludzi wykształconych, o których zapomniano. Tylko wytrwałość i determinacja są wszechmocne.

John Calvin Coolidge

Możemy zrealizować każde zamierzenie, jeśli potrafimy trwać w nim wystarczająco długo.

Helen Keller

Tak samo, jak pojedynczy krok nie tworzy ścieżki na ziemi, tak pojedyncza myśl nie stworzy ścieżki w Twoim umyśle. Prawdziwa ścieżka powstaje, gdy chodzimy po niej wielokrotnie. Aby stworzyć głęboką ścieżkę mentalną, potrzebne jest wielokrotne powtarzanie myśli, które mają zdominować nasze życie.

Napoleon Bonaparte

Na temat entuzjazmu

Tylko przykład jest zaraźliwy.

Lope de Vega

Na temat odwagi

Życie albo jest śmiałą przygodą, albo nie jest życiem. Nie lękać się zmian, a w obliczu kapryśności losu zachowywać hart ducha – oto siła nie do pokonania.

Helen Keller

Silny jest ten, kto potrafi przezwyciężyć swe szkodliwe przyzwyczajenia.

Benjamin Franklin

Życie jest przygodą dla odważnych albo niczym.

Helen Keller

Na temat realizmu

Kto z was, chcąc zbudować wieżę, nie usiądzie wpierw i nie obliczy wydatków, czy ma na jej wykończenie.

Ew. Łukasza 14:28

Pesymista szuka przeciwności w każdej okazji, optymista widzi okazje w każdej przeciwności.

Winston Churchill

Dajcie mi odpowiednio długą dźwignię i wystarczająco mocną podporę, a sam poruszę cały glob.

Archimedes

OFERTA WYDAWNICZA
Andrew Moszczynski Group sp. z o.o.

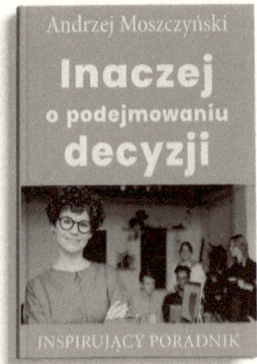

www.ingramcontent.com/pod-product-compliance
Lightning Source LLC
LaVergne TN
LVHW090038080526
838202LV00046B/3868